Planificar, Elaborar y Realizar una Webinar

Planificar, Elaborar y Realizar una Webinar

Manuel Sandoval Ramos

ISBN: 978-1503091603

Planificar, Elaborar y Realizar una Webinar

TABLA DE CONTENIDOS

INTRODUCCIÓN

La Webinar, también conocido como seminario en online es un neologismo dado por la fusión de las palabras web y seminario, acuñado para identificar las reuniones educativas o de información cuya participación se realiza a través de equipos remotos.

El seminario web se utiliza para llevar a cabo reuniones, cursos de formación y presentaciones, en las que cada participante tiene acceso a este desde su propia computadora y se conecta con otros participantes a través de Internet. A diferencia de los webcasts, las webinar son un sistema interactivo donde los participantes pueden interactuar entre sí y con el coordinador la webinar mediante las herramientas disponibles en el sistema de conferencia web.

Los seminarios en línea pueden realizarse la descarga del software de cada uno de los participantes, o mediante la conexión a una aplicación web a través de un enlace distribuido por e-mail (invitación a la reunión). Para acceder a la webinar es necesario disponer de una conexión a Internet, de un programa de manejo de herramientas multimedia (skype, por ejemplo), y un altavoz/auriculares.

A lo largo de casi toda la historia humana todas las reuniones han sido registradas.

Las únicas cosas que han cambiado en los últimos años son que tenemos más opciones para comunicarnos y para poder registrar nuestras comunicaciones. Las Webinars son reuniones en su forma más básica, pero es la forma en que te permiten reunirte con otras personas lo que las hacen especiales. Las Webinars (Seminarios Web) son de gran utilidad cuando los participantes de la reunión no se encuentran en el mismo país, estado, ciudad, o incluso en la misma sala. Estas le permiten transmitir información casi de igual manera - y en algunos casos mejor - que en una reunión cara a cara.

La tecnología ha llegado al punto en que la creación de una webinar es fácil e intuitiva. Sin embargo, hay muchas maneras de mejorar sus reuniones que van mucho más allá de la tecnología, en este libro, veremos una mirada en profundidad del antes, durante, y después de un seminario, así como algunos consejos que pueden mejorar la experiencia del seminario para usted o sus participantes.

El propósito de este libro es para ofrecerle una guía de todo lo que abarca una webinar, con la esperanza de que cada webinar que realice, que resulte ser un éxito.

LA PLANIFICACIÓN

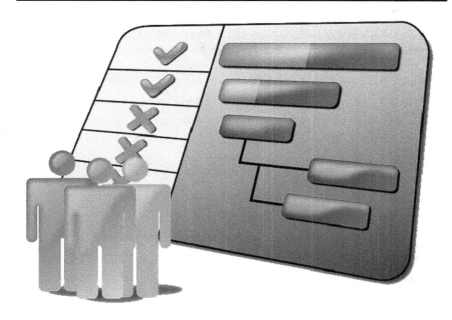

Recuerde las 5 P's: Prior Planning Prevents Poor Performance (La Planificación previa evita un mal rendimiento). Esto puede ser especialmente cierto para las webinars. Piense en la increíble tecnología que le permite hablar, mirar, o compartir información con muchas personas, en tiempo real, al mismo tiempo. Esta tecnología ha sido diseñada para proporcionar una experiencia suave y fácil de usar, pero detrás de los simples clics para iniciar un seminario web, no hay mucho que hacer. Mire más allá de la tecnología, actualmente ya tiene (de una manera muy accesible) toda la tecnología necesaria para poder preparar las reuniones básicas. Recuerde que cuanta más planificación haga de antemano, más suave se ejecutará su seminario.

LAS RAZONES PARA UTILIZAR UNA WEBINAR

Las razones para utilizar un seminario web pueden ser muy sencillas, como por ejemplo, que todos los participantes se encuentran en otros países o ciudades. Otra buena razón puede ser para ahorrar dinero. Piense en ello; ¿Cuánto cuestan los viajes que se puede ahorrar con cada webinar de una hora?

Las Webinars pueden abrir las comunicaciones entre los distintos departamentos y sucursales, es fácil y cómodo, y así sus compañeros de trabajo puedan estar en contacto, con ello se consigue una mayor interacción entre los compañeros de trabajo y una mayor unión personal entre ellos. Una webinar es perfecta para las reuniones rápidas o improvisadas, sobre todo cuando hay más información que compartir de la que se debe enviar en un correo electrónico. Cuando surge un problema, es fácil llegar a todas las personas necesarias con una llamada, de manera que podremos resolver el problema rápidamente, si necesita difundir información a una gran cantidad de personas, un seminario web puede hacer que esta tarea sea muy fácil. Puede tener cientos de personas conectándose a una webinar para verle y oírle a usted. Puede tener grandes pantallas de vídeo instaladas en todas las sucursales de una empresa para poder reunir a todo el mundo para que puedan ver en directo y al mismo tiempo su discurso. ¿Qué pasa si quiere compartir o reutilizar su presentación? Puede grabar una webinar y compartirla con tanta gente como desee, para que estos puedan ver y escuchar la reunión mucho tiempo después de que esta hubiera terminado.

LOS TIPOS DE WEBINAR

Una webinar no es sólo una llamada telefónica con más de dos personas. También es una video conferencia, una presentación de PowerPoint, una grabación, uso compartido de escritorio, pizarras digitales, encuestas instantáneas, chats, y/o mensajería instantánea. Tiene muchas opciones para elegir, por lo que la tarea en cuestión es elegir la mejor forma de webinar que se adapte a sus reuniones.

AUDIO CONFERENCIA

Las audio conferencias son como una llamada telefónica pero estas son reuniones audio-únicas. Sin embargo, van mucho más allá del teléfono - o incluso de una llamada a tres bandas – ya que tiene una capacidad mayor para conectar el número de gente que desee, pero hay mucho más, las audio conferencias pueden ser grabadas. Puede descargar la grabación más adelante cuando usted lo necesite, o ponerla a disposición para que cualquier persona que se perdió la conferencia inicial pueda reproducirla y ver la reunión.

Como te puedes imaginar, tener a tanta gente en una línea crearía un muro de ruido, pero esto se puede evitar. Las audio conferencias pueden ser puestas en un modo de lectura (mute) para todos los participantes menos para el speaker (el conferenciante) y los moderadores. Si hay cualquier pregunta, los participantes puede pulsar un botón en su teléfono para ponerse en una cola Q&A (Question-Pregunta y Answer-Respuesta).

Los participantes pueden realizar sus preguntas de uno en uno y su llamada se mantiene de una barrera de sonido.

Algunas pautas para elegir una audio conferencia para la reunión:

- Su reunión tendrá un número amplio de gente.

- Algunos o todos los participantes no pueden acceder a un ordenador

- Se necesita una reunión rápida y simple.

AUDIO CONFERENCIAS WEB

Nada hace que una reunión o presentación sea mejor que el uso de imágenes u otros gráficos. Ya se trate de un gráfico, un mapa, una imagen de alguien, o lo que sea, la capacidad de integrar ayudas visuales a veces es una necesidad, especialmente en una audio conferencia, los materiales basados en la Web pueden sumar mucho.

El uso más común de las capacidades de la web es la presentación PowerPoint. Mientras usted habla, sus participantes le pueden seguir fácilmente que al ver el contenido de su presentación PowerPoint en sus equipos, si alguna vez ha utilizado PowerPoint antes, sabe que puede incluir imágenes, gráficos, viñetas, videos y otras mejoras para una reunión, pero se puede hacer mucho más. Puede haber un momento en el que está tratando de describir un sitio web, pues con las capacidades Web para las reuniones, usted sólo tiene tener un navegador para poder mostrar su punto de vista. Entonces todo el mundo puede ver la Web desde su punto de vista. No sólo está limitado a su navegador de Internet. Puede compartir documentos de Microsoft Word u otros y mostrar su punto de vista exacto a los participantes. Incluso puede compartir todo el escritorio si lo desea.

Hay algunas otras mejoras que nos ofrecen las audio conferencias con capacidades web, como son las colaboraciones sobre pizarras digitales. Es como una página en blanco en la que todo el mundo puede escribir o dibujar. También puede hacer una pregunta en forma de encuesta que incluye las respuestas para que sus participantes elijan las más convenientes. Esto le permite obtener de forma rápida informaciones sobre cuestiones particulares. Si tiene alguna pregunta que no puede tener una respuesta aproximada, aproveche el sistema de chat, en un lado de la página Web aparece una lista con todos los participantes y una ventana de chat. Aquí los participantes pueden hacer preguntas y obtener respuestas sin interrumpir el flujo de su presentación.

A continuación veremos algunas razones para incluir capacidades web en su audio conferencia:

- Todos los participantes tienen acceso a una computadora

- Desea utilizar un PowerPoint en su presentación

- Desea compartir archivos de Microsoft Office

- Es necesario colaborar y desea utilizar una pizarra digital

- Desea manejar las preguntas con las colas Q&A

- Sondear a sus participantes mejorar su reunión

VIDEO CONFERENCIA

Si está interesado en llevar su conferencia de llamadas a cotas más altas, no se puede llegar más alto - en el nivel actual de la tecnología - que con una videoconferencia. Añadir vídeo a su audio conferencia agrega una nueva conexión a la reunión virtual. Puede ver el lenguaje corporal de la persona, su estado de ánimo, y la disposición general. La videoconferencia le permite mirar a los participantes a los ojos, o tener una presencia en su sala de reuniones. Durante una videoconferencia, la pantalla se llena con las caras de sus participantes. Se puede decir que está recibiendo su mensaje, que podría ser una pregunta, o ver quien se está durmiendo. Las videoconferencias no están limitadas sólo a pequeños grupos de personas. Para grupos más grandes, aunque puede que no sean capaces de ver a cada uno individualmente, todos ellos pueden verte a ti. Sin hacer nada, usted puede mostrar su presentación desde una sala de reuniones virtual como si estuviera transmitiendo a un auditorio virtual. Se puede llegar incluso a más gente si tiene un proyector o un televisor de pantalla grande en una o más ubicaciones. De esa manera sólo necesitará un ordenador, pero tendrá que llenar la habitación con los participantes que tengan que ver el auto video. Con la videoconferencia, se obtienen todas las características de las audio conferencias con capacidades Web. Así que no sólo se puede ver a los participantes y hablar con los demás, también puede compartir y colaborar como si estuvieran en la misma habitación.

SELECCIONAR LA FECHA

Elegir el momento de tener un encuentro virtual no es demasiado diferente de la programación de una reunión cara a cara. Tiene todas las mismas ventajas y desventajas que hay que considerar, con la notable excepción del tiempo de viaje de ida y vuelta de la reunión, si la planea como la programación de una reunión ordinaria, estos serán algunos de los aspectos generales a tener en cuenta:

A menos que la reunión sea para orientar a su gente para la semana, evite el Lunes, sobre todo si se va a reunir con los clientes.

Evite las reuniones de los Viernes, si está buscando una alta participación. Mucha gente va a estar ocupada terminando el trabajo de la semana, o saldrá más temprano de trabajar.

Las Webinars justo después de comer pueden ser más difícil para los participantes. Pueden ser más lentas de lo habitual.

Planifique las reuniones justo antes del almuerzo para terminar siempre a tiempo. Aunque también puede tener un mayor nivel de participantes distraídos a medida que su hambre va creciendo.

LOS ORADORES EN LAS WEBINAR

Una cosa es tener una webinar, pero si quieres que los participantes vengan tienes comunicar acerca de la existencia de esta. Un método común para invitar a participantes es mediante el correo electrónico. Si bien esto es, con mucho, el método más fácil, la persona promedio es inundada de mensajes de correo electrónico durante todo el día y ahí existe una posibilidad bastante grande de que su invitación pueda perderse.

Para ayudar a evitar que esto suceda, envié un correo electrónico corto con un título audaz, y escríbalo en la barra del tema y en la primera línea. Darles lo básico: quién, qué, cuándo, por qué y dejarlo en eso. Cualquier otra información específica para la webinar debe añadirse como un archivo adjunto, si puedes, agrega un elemento de calendario de Outlook para el correo electrónico, esto no sólo ayudará a llamar la atención de su correo electrónico, sino que también facilita la obtención de la persona a unirse a su seminario.

Una idea interesante es el uso de sitios de terceros o de planificación de eventos, tales como Evite. Estos sitios ayudan a crear una página que se encarga de la invitación con las listas de las personas que fueron invitadas, las que aceptaron y las que no lo hicieron. También envía correos electrónicos de invitación que se destacan en la bandeja de entrada.

Las páginas de registro son una excelente idea para manejar listas de muchos participantes, especialmente si son clientes o clientes potenciales. Una página de registro es básicamente un formulario de internet donde las personas lo rellenan con su información para recibir el número del código de acceso a la conferencia/seminario, por supuesto, todavía tiene que enviar por correo electrónico, teléfono, o hacer publicidad para conseguir que la gente vaya a la página de registro, si cree que una página de registro le podría funcionar a usted, tengan en cuenta estas cosas:

- Una página de registro puede recoger una gran cantidad de información en un corto periodo de tiempo.

- Los participantes tienen que dar sus datos contacto y profesionales a cambio del webinar.

- Inscribirse en una webinar ayuda a facilitar la entrada de su participantes cuando ya pueden entrar en la webinar

OPCIONES DE UNA WEBINAR

Una webinar podría ser algo totalmente nuevo para algunos participantes. Las siguientes opciones no sólo establecen una parte de su reunión, sino que dará a los participantes una experiencia memorable. Considere las siguientes opciones como la oportunidad de hacer una declaración a través de su encuentro, mientras que hace que sus participantes se sientan valorados y apreciados.

MODO CONFERENCIA

Una característica importante de cualquier seminario es el modo de conferencia. Esta sencilla palanca le permite tener una conferencia con el mayor número personas como quiera, pero sin el abrumador ruido de fondo.

Cuando uno entra en el modo de conferencia, todas las líneas de los participantes son silenciadas - de tal manera que no pueden activar el sonido ellos mismos - dejando al anfitrión y a los oradores hablar libremente y ser escuchados por todos.

Mientras que en el modo de conferencia, un participante puede presionar algunos botones del teclado del teléfono para poner preguntas/repuestas en una cola especial Q&A que es visible en la pantalla de llamada en vivo del huésped o del operador.

Cuando el anfitrión o el operador elige, pueden presionar un botón y la primera persona en la cola recupera el sonido y la libertad de hablar. Cuando se hace esto, el anfitrión o el operador puede pulsar el mismo botón de nuevo y el participante será silenciado mientras que el siguiente participante tendrá la libertada para hablar. Si finaliza la llamada en modo conferencia, todas las líneas desactivarán el silencio, al mismo tiempo y todo el mundo será libre de hablar.

Decidir si desea o no utilizar el modo de conferencia no es una tarea de difícil decisión, si tiene personas diez o menos en la llamada, para dar una conferencia no será necesario el modo de conferencia. Para más de diez, simplemente por la calidad de sonido, se recomienda utilizar el modo de conferencia.

LA GRABACIÓN

La grabación de la conferencia es tan fácil como pulsar un botón. Puede ser aún más fácil si elige tener todas sus conferencias grabadas automáticamente, una vez la conferencia grabada haya terminado, las grabaciones estarán disponibles casi instantáneamente en la sección de su cuenta del sitio web de su proveedor de webinar. Allí podrá escucharla, descargarla, o incluso transcribirla. Si la descarga, puedes subirlo a su sitio web o enviarlo por correo electrónico a quienes usted desee.

Otro aspecto interesante de las grabaciones es la reproducción Dial-in. Esta función le permite a usted poner sus grabaciones a disposición de las personas que llaman cuando pueden. Si ha grabado una conferencia que algunas personas se han perdido, todo lo que tienen que hacer es usar los códigos para la conferencia original y oír como fue la conferencia. Usted incluso puede distribuir los códigos de la conferencia a personas que no sean los que originalmente invitó, para que también puedan escucharlo.

COMPLEMENTOS PARA UN WEBINAR

Hacer que la producción de su seminario web se destaque de otras reuniones puede ser sencillo. Esto es especialmente cierto si su público no ha estado en muchos seminarios online, ya que la misma reunión en sí será algo fuera de lo común. Aparte de esto, hay muchas otras ideas que pueden ayudarle. Una de esas ideas implica un orador invitado, a pesar de que usted sea el responsable a cargo de la reunión, esto no significa que tenga que ser el único en el centro del escenario. Entre los oradores invitados se pueden incluir en un experto en la industria, un orador motivacional, su jefe inmediato o alguien que tenga un cargo importante en su empresa, o incluso se puede dejar hablar al participante con más experiencia o al más brillante. Estos ni siquiera tienen que estar especialmente involucrados en el tema principal de la reunión, sino que simplemente podría estar allí para hablar un rato sobre el trabajo en equipo o la inspiración.

Otra idea que puede ayudar es el del "Maestro de ceremonias" Profesional o el Presentador Profesional. En un seminario, un presentador profesional puede estar en cualquier lugar y ser capaz de presentar la reunión con estilo, profesionalidad, y en algunos casos, con un poco de comedia, todo depende de lo que usted considere que sería mejor para lograr más participantes para su seminario. Los presentadores no tienen que saber nada sobre la temática u objetivo de la reunión. Todo lo que necesita es una agenda, algunas pautas, y los detalles sobre qué tipo de reunión se desean presentar. Después sólo tendrá que presentar la reunión y permanecer entre las bambalinas mientras mantiene un ojo en la reunión en general.

OTROS DETALLES DE UNA WEBINAR

El funcionamiento de su negocio es un equilibrio de tiempo, dinero, personas y recursos, y una webinar no es diferente. Primero deberá identificar el tipo de reunión que necesita, deberá ser capaz de elegir el tipo de webinar que mejor se adapte a sus necesidades. La razón más obvia para esto es no gastar más dinero del que tienes para hacerlo, pero hay otros factores a tener en cuenta: el equipamiento de sus participantes, por ejemplo, o su ubicación, o incluso la cantidad de tiempo que le pueden tener disponible para la webinar.

Si eres el anfitrión de un seminario web, deberás serlo para servir a los participantes algún propósito. Así que cuando se piensa en la mejor manera de lograr ese propósito, todos los otros detalles, incluyendo los de la webinar caerán perfectamente en su lugar.

PRODUCCIÓN PROPIA O EXTERNA

Una cosa maravillosa acerca de los seminarios web es que puede configurar fácilmente una y ejecutarla por su cuenta en cualquier momento. Esto puede ser especialmente útil para reuniones improvisadas, cortas o informales.

Sin embargo, puede haber momentos en los que una mano hace la diferencia. La primera vez que se registra para un servicio de webinar, estará encantado de hablar a través de las características y de dar algunos consejos sobre cómo tener una gran experiencia cada vez. A pesar de que el aspecto técnico de la ejecución de un seminario web no es difícil, sobre todo si es tu primera vez, es posible que desee a un operador al lado suyo por si surgen dificultades. Podría tener al operador simplemente allí solamente "por si acaso", o podría usted ir ejecutando las distintas tareas de las webinar para familiarizarse con el proceso para la próxima vez.

Las reuniones, en general, pueden ser una danza compleja. Puede estar mirando la hora, realizando preguntas, y asegurarse de que su orador invitado está grabando correctamente. Usar un operador durante estos momentos le puede liberar de tener que controlar toda la reunión usted sólo. Un operador puede proporcionar una introducción y una conclusión. Estos pueden supervisar los niveles de sonido, ver que participantes generan demasiado ruido de fondo y mantener el control sobre la lista de participantes. Un operador puede ser invaluable para ejecutar el Q&A parte de su seminario. Estos observarán la cola de preguntas, las activarán y desactivarán según sea necesario, y contestará a las preguntas cuando sea es su turno. Los operadores también pueden ayudar antes de la conferencia. Tienes la opción de que los operadores contesten el teléfono cuando llamen los participantes. No sólo le da un toque más profesional, sino que también sirve para facilitar y agilizar la captura de participantes para el seminario.

Por otra parte, los operadores pueden obtener contactos y otra información para usted directamente de los participantes antes de que se les permita unirse a la conferencia. Estos operadores también pueden ayudar con la integridad de su seminario. Cuando los participantes llaman, los operadores pueden comparar los códigos, nombres u otra información con las listas de participantes, si la persona que llama no es nadie que esté dado de alta en la conferencia, entonces, esta no va a ser capaz de unirse a la webinar.

ELABORACIÓN DE UNA WEBINAR

Usted acaba de ver los detalles y la planificación para conseguir elaborar una webinar que logre un buen número de participantes. Ahora tiene que centrarse en la preparación de la webinar. La preparación le sirve para muchos propósitos como que le ayudará a familiarizarse con lo que está haciendo, lo puede poner de relieve los posibles problemas que pueden surgir para poder solucionarlo antes de que tengan la oportunidad de arruinar algo. La preparación de la webinar le prepara para lo que está por venir.

Las webinars son diferentes. Requieren la mayor parte de la preparación normal de lo haría para una reunión cara a cara, pero también contiene unos cuantos aspectos técnicos que es necesario examinar con más detenimiento. Aún así, estos artículos pueden ser fáciles de usar y como todos los preparativos, le pueden ayudar a garantizar el éxito del seminario web.

LA PARTE TÉCNICA

Dependiendo de qué tipo de seminario elija realizar, la preparación técnica pueden ser diferentes. Sin embargo, para todos los seminarios web, la parte de teléfono será el mismo (a pesar de que no hay mucho para prepararse aquí). Una idea es que usted y sus participantes usen un teléfono fijo. Los teléfonos fijos son una opción mejor que los teléfonos móviles en términos de calidad de sonido y fiabilidad. Los auriculares del teléfono se recomiendan para una mayor comodidad y facilidad de uso, y debe asegurarse de que el auricular está en un buen estado de funcionamiento. Si elige utilizar un auricular inalámbrico con su teléfono fijo, asegúrese de que esté completamente cargado antes del seminario.

Si va a realizar una videoconferencia, un componente importante es el software. Este no es un obstáculo tan grande como puede parecer.

La primera vez que hace clic en el enlace que le proporciona la videoconferencia, le sale un asistente para la instalación que le guiará en todo el proceso. Todo lo que necesita es seguir las instrucciones y el asistente se hará cargo del resto. El software se descargará y se instalará con bastante rapidez, pero sigue siendo una buena idea hacer funcionar todo este proceso antes del seminario. De esta manera, si hay algún problema, se pueden solucionar a continuación y así evitará tener ninguna incidencia durante sus reuniones.

Otro componente importante de una video conferencia es la cámara web. Al igual que el software de video conferencia, la utilización de una cámara web es bastante sencilla. Quizás podría tener algunos problemas, especialmente si nunca ha usado la cámara web en particular, o nunca usó ningún tipo webcam.

Conecte su webcam y asegúrese de que obtiene una buena imagen. Establezca los ajustes según sea necesario, revise su posición, y úsela durante un par de minutos con el software de video conferencia para asegurar su compatibilidad.

Los preparativos técnicos de un seminario web ni son difíciles o ni nos llevan mucho tiempo, pero son esenciales para ahorrar tiempo y evitar problemas durante su reunión. Si tiene cualquier problema, hable con el proveedor de la Webcams o de la Web mediante la cual realiza la webinar. Estos estarán encantados de ayudarle a usar su software o servicios.

LAS REUNIONES

La preparación de las reuniones va más allá de mirar por encima de sus anotaciones. Hay muchos pequeños detalles a tener en cuenta, y si bien cada uno sólo nos lleva un poco de tiempo, que puede ser muy valioso prepararlo todo bien. En primer lugar, ¿Dónde estará ubicado durante la conferencia? Deberá elegir una zona tranquila donde pueda estar seguro de que no será interrumpido.

Mantener a raya las distracciones puede ser tan simple como cerrar una puerta, pero también deberá prepararse para lo imprevisto. Por ejemplo, si que está haciendo el seminario desde su casa, deberá tener en cuenta que sus hijos podían empezar a gritar, o su perro puede empezar ladrar muy alto de repente debido a una el ruido de la calle. Hay algunas cosas que no se pueden evitar, pero se puede saber dónde está su botón de silencio y estar preparado para utilizarlo en caso necesario.

Para una videoconferencia, la ubicación es importante, pero también lo es lo que hay en la ubicación. ¿Qué puede ver exactamente desde la cámara? ¿Le estorba su escritorio?

Sus participantes verán lo que se les muestra, por lo que deberá pensar en que mensajes querrá transmitir desde la cámara. Un área de trabajo limpio y ordenado dice cosas buenas. Otra cosa a tener en cuenta es que si bien la imagen de su escritorio podría ser adecuada para usted, podría ser mal interpretado por algunos participantes.

¿Qué tendrá de fondo? Deberá tener un fondo neutro detrás de usted sin nada en las paredes. Si hay algo en la pared que no se pueda hacer nada al respecto, trate de posicionar la cámara de modo que su cabeza tape la mayor parte del fondo. Cómo irá vestido es otra cosa a considerar en el vídeo. Para una mejor visión de usted, evite usar o solo colores oscuros o solo colores claros. Deberá evitar combinaciones de colores complejas. Trate de usar los de colores en tono pastel sólidos, o mezclar colores sólidos oscuros con colores luminosos.

EL ANFITRIÓN

Como anfitrión de su seminario, usted es responsable de muchas cosas.

Desde el momento en que envía invitaciones, esté preparado para responder preguntas sobre el programa, los aspectos técnicos del seminario, y los temas del programa, sólo para nombrar unas pocas preguntas. Mientras que con un poco de previsión le llevará a preparar estas preguntas, hay otras cosas que tiene que preparar como un host para realizar su seminario.

En primer lugar y quizás lo más importante es un programa sólido. Esta lista no sólo le informa sobre lo que flota alrededor de la webinar, sino el por qué y el cómo, y el tiempo asignado. Un buen programa está detallado y programado al minuto, lo que hace de referencia, no sólo para usted mismo, sino para sus participantes antes y durante el seminario. El programa ayudará a mantener su cumplir la agenda, y le proporcionará las señales a usted y a sus oradores de cuando es hora de cambiar de turno o de tema.

Planificar, Elaborar y Realizar una Webinar

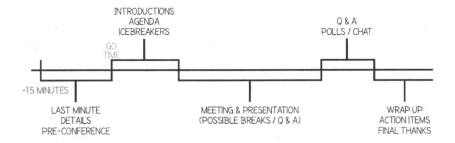

Tómese su tiempo en la construcción del programa. Deberá tener dos versiones: una para usted y otra para los participantes, con menos detalles del curso. Su agenda debe incluir:

- Tiempo de espera para las personas que se incorporan tarde

- Tiempo para los saludos, presentaciones, y para romper el hielo

- El tiempo de participación de cada uno de los oradores, y en que momentos participarán

- El tiempo para los descansos

- Q&A Generoso en tiempo

- Alternativas para llenar el Q&A de tiempo adicional, en caso de tener la necesidad de ello

Como se ha indicado anteriormente, el programa no es sólo para su beneficio, una vez completado, puede crear una versión de prueba indicando los tiempos reales de su programa para enviarlos a sus participantes. Esto no sólo le ayudará a prepararse para las reuniones, sino que también tendrá su mente lista para las preguntas y le ayudará a mantenerse enfocado o concentrado durante toda la reunión.

Hablando de preguntas, cuando se prepara para su seminario, debería de prever algunas de las preguntas que los participantes le harán. Imagine lo que van a hacer y luego responda en voz alta. Tome notas durante sus respuestas y haga su correspondiente revisión. ¿Has hablado sobre los temas que querían oír los participantes? ¿Tus respuestas realmente transmiten la información que necesitan sus participantes?

Por último, intente mantener la información de contacto de su proveedor de webinars (o posting), los oradores y co-anfitriones de invitados, así como con algunos de los participantes, sobre todo, con los que deseaban asistir a la webinar. Probablemente no necesitará la información, pero si le hace falta, tendrá tiempo para hacer muchas otras cosas y agradecerá que el tiempo de búsqueda de estos contactos sea una tarea tan fácil.

REALIZAR LAS PRUEBAS

Una simple garantía de un buen seminario es prever y superar cualquier cuestión antes de la reunión real. La mejor manera de hacer esto es contratar a un amigo y probar la instalación. Esto puede incluir a ambos haciendo video llamadas el uno al otro, la publicación de sus cámaras web, o incluso jugar Tic-Tac-Toe en una pizarra webinar. Cuando los dos estén han unido mediante una llamada de video conferencia, hablan entre ustedes en tonos altos y bajos para tener una idea de la calidad del sonido y los niveles del sonido.

Encontrar y utilizar el botón de silencio personal hasta que pueda hacerlo de forma rápida y fácilmente. Familiarícese con los controles de la video llamada. Pruebe la video llamada dentro y fuera de la pre-conferencia. Active y desactívese a usted y a su amigo. Pídales que se pongan en las colas de Q&A y practique en la recepción de sus preguntas.

Una videoconferencia tiene controles para el sonido y el audio, pero no obstante son fáciles de utilizar. Tómese su tiempo para probar cada función y juegue un rato con esta. Utilice los controles de calidad de vídeo para asegurarse de que tenga su mejor aspecto. Tome turnos con su amigo haciendo gestos y hablando a la cámara para tener una idea de lo puede quedar bien y lo que no. Continúe hasta que se sienta cómodo con lo que ve. Practique hablando hasta que puede hablar mientras mira hacia la WebCam la mayor parte del tiempo.

Las características y los controles de las conferencias web no son demasiado diferentes de las audio conferencias o de las video conferencias, pero debe probarlas de todos modos. Inicie una pizarra y juegue un juego. Juegue con los controles hasta que pueda guardar fácilmente, limpiar con el borrador, o aumentar lo que ha dibujado.

Inicie el uso compartido de escritorio y obtenga la retroalimentación de su amigo. Trabaje con un documento u hoja de cálculo a la vez. Verá muchas cosas que le son familiares, pero durante una conferencia web, las cosas son un poco diferentes. Si sabe manejar los controles y los datos de una webinar de una manera avanzada, sus reuniones se ejecutarán de una manera mucho más suave. Como siempre, mientras que está probando el webinar, si tiene cualquier pregunta o problema, ahora es el mejor momento para hablar con su proveedor de webinar o hosting.

COMENZAR LA WEBINAR

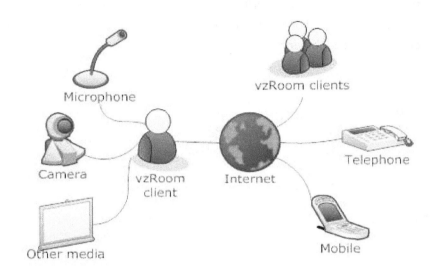

Desde los momentos antes de salir de la pre-conferencia hasta cuando finalmente dices adiós, las webinars pueden ser emocionantes, al igual que en una reunión cara a cara. Hay detalles para ver, participantes de los que preocuparse, y unas tareas que cumplir, pero si ha hecho un buen trabajo en la preparación, no sólo estará al tanto de todo, sino que realizará un gran seminario.

DETALLES DE ÚLTIMA HORA

En el momento justo antes de su seminario, es posible que te preocupes de muchas cosas, pero los preparativos ya se han hecho cargo de todo eso, y en ese caso, lo que puedes hacer es repasar sus anotaciones y el programa y pase algún tiempo cuidando de usted, su voz, su vitalidad.... Los quince minutos antes de un seminario es realmente el único lugar donde se puede empezar a doble control de sus preparaciones. Son los co-anfitriones y oradores entrando en el seminario ¿está todo correcto? ¿se ve bien el video? Este tipo de preguntas pueden ser investigadas y respondidas rápidamente. Una vez comprobado que todo está bien, ya es el momento para que se una a su seminario.

LA PRE-CONFERENCIA

Para la mayoría de los seminarios web, tendrá que usar la pre-conferencia, o la "sala verde". Después de que sus participantes hayan se hayan conectado o cargado la aplicación correspondiente, se colocarán en espera. Sin embargo, sus co-anfitriones, oradores invitados, y cualquier otra persona que usted elija se colocará automáticamente en pre-conferencia.

Esta "conferencia antes de la conferencia" es una oportunidad para que usted y los otros anfitriones pueden limar los detalles de última hora, discutir las estrategias, o simplemente hablar, siempre en la intimidad del grupo formado, lejos de sus participantes, que están escuchando la melodía de espera. Esta es una gran oportunidad de reunirnos como grupo para conseguir coordinarnos y presentar una webinar suave, y cohesionada a los asistentes. Puede dejar la pre conferencia cuando lo desee, y lo más importante, si necesita volver por la razón que sea, esta opción siempre está disponible.

COMENZANDO LA WEBINAR

Mientras que todo lo que haces como anfitrión impactará en su seminario, podría decirse que el punto más crucial en una webinar son los primeros cinco minutos. Este es el momento en el que se establece el tono de la reunión, donde se consigue que todos estén más cómodos, y hace que las cosas se pongan en marcha, es un momento de emoción y torpeza que se puede manejar fácilmente con algunas aportaciones de usted.

LAS PRESENTACIONES

Esto sucede cuando usted ya está fuera de la pre-conferencia, y al participante le desaparece la música de espera, y todo está en silencio. Si va a usar algún orador para iniciar la reunión, este es el punto en el que se anuncia la conferencia, y se le recuerda a todos los participantes que la grabación está activada, y que el modo conferencia está activado, o cualquier otro detalle que especifique. Después de eso, se vuelven hacia usted.

Si tiene un orador o no sabe cuales serán sus primeras palabras para empezar la conferencia. Un alegre, "Bienvenidos a todos!" Es una buena manera de comenzar. En sus palabras de apertura, deberá recordar todo el mundo por qué están aquí y quién les estará hablando a ellos. Debe hacerles saber que las preguntas serán al final, o que va a hacer una pausa de vez en cuando para las preguntas.

Para conferencias de vídeo, recuerde mirar hacia la cámara web tanto como sea posible. Esto le dará a cada participante la sensación de que les está mirando a ellos. Haga lo mejor para aparecer bien visible y esté tranquilo y relajado, absténganse de inquietud. Si va a utilizar una presentación de PowerPoint, asegúrese de incluir una diapositiva de comienzo/introducción en la salida. Esto le dará a sus participantes algo más que el resumen de diapositivas de PowerPoint para mirar algo hasta que esté listo para hacer la presentación de diapositivas.

REVISIÓN DEL PROGRAMA DE LA WEBINAR

Después de los saludos y de las presentaciones iniciales, es el momento de revisar el orden del día. Esto es importante, incluso si se ha distribuido el programa a sus participantes. Es posible que hayan perdido su copia, o que no la tengan a mano. Principalmente, la razón para repasar el programa es poner los pies en la tierra y expresar que hay un plan y que usted no está aquí para hacer perder el tiempo a nadie.

El repaso del programa de la agenda no tiene por qué ser un gran calvario. Sólo tienes que comentar quienes van a intervenir en la webinar y de que van a hablar, en qué orden, y por cuánto tiempo. No se olvide de indicar los periodos de descanso. La razón de hacer esto es para ayudar a los participantes a permanecer en sintonía con la reunión. Son menos propensos a perderse si saben donde están y lo que vendrá después.

Esto también es por qué usted debe hacer un resumen rápido de lo que queda del orden del día después de cada orador o sección de la webinar. De nuevo esto es para ayudar a sus participantes a mantenerse orientados y a prestar atención a su mensaje.

ROMPIENDO EL HIELO

Especialmente si la webinar es con un pequeño grupo de personas, o incluso un pequeño grupo de altavoces en frente de una audiencia grande, romper el hielo es una excelente manera de conseguir que la gente a se relaje para que puedan prestar más atención a lo que está a lo que están hablando o mostrando en la webinar. El comienzo de una webinar puede ser difícil, pero con una buena actitud por su parte y algunos pequeños ejercicios, la reunión puede llevarse a cabo sin problemas. El tiempo dedicado a hacer que la gente esté cómoda podría ser visto como una pérdida de tiempo, pero se convierte en un valor incalculable en comparación con la facilidad con la que las personas serán capaces de escuchar y responder a su mensaje.

Algunos buenos temas para romper el hielo son:

- Realidad o Ficción: Aquí es donde todos los participantes tienen que escribir dos cosas verdaderas sobre sí mismos y una falsa. Por turnos, cada uno lee sus tres cosas y el grupo decide que no es cierto. Esto no sólo agita un poco las cosas, sino que también ayuda la gente llega a conocerse.

- Libre Asociación: Primero dan al grupo un tema o palabra, les da un minuto o dos para escribir lo que les viene a la mente que esté asociado con la idea original. Esto puede ser útil para algunos de sus puntos principales del seminario y puede hacer que la gente piense acerca de lo que se hablará más tarde.

- Isla desierta - Diles a todos que escriban lo que cada uno de ellos se llevaría a una isla desierta. Dales un minuto más o menos, y luego vuelva y dígale a cada persona que escoja solamente que tres cosas de la lista y pídales que expliquen porque escogieron esas tres cosas. Déles treinta segundos. Esto es bueno para descubrir los procesos de pensamiento de las personas, especialmente en un tiempo de crisis.

- El Primero o el Peor: Pregunte a cada participante que cuente su primer o su peor trabajo. Esto ayuda a provocar una conversación y a divertirse comentando sobre cosas que han hecho.

Las Videoconferencias abren una nueva dinámica visual en todas las webinars. Esto puede hacer que algunas personas estén nerviosas ante las cámaras, aunque esté acostumbrado a las reuniones cara a cara. En la Video conferencia, para romper el hielo se debe hacer de una manera más visual, como por ejemplo: Pase la bola: Al invitar a todos a la reunión, pida que tengan una pelota de tenis a mano. Haga que cada uno ponga la pelota detrás de la cámara o del ordenador. Después cuando llame por el nombre de alguien y la pelota rebotará suavemente más allá de la cámara. La persona que fue llamada deberá echarse hacia delante y recoger su pelota. La persona con la pelota debe decir algunas cosas acerca de sí misma, después llamará por otro nombre y su pelota rebotará fuera de la vista.

DURANTE LA WEBINAR

Usted ya ha saludado a todos, ha hecho algunos rompehielos, y presentó a los oradores, incluso si no tiene un papel hasta el final, su trabajo solamente acaba de empezar. Hay varias cosas a las que no puede perder de vista, por no hablar de todo lo que necesita para estar listo por si se presenta la ocasión.

GESTIÓN DEL TIEMPO

El programa podría ser la parte más importante de un seminario.

Normalmente, usted no tiene tiempo ilimitado, ya que probablemente tendrá un montón de cosas para cubrir. Usted no querrá dejar nada importante atrás, pero tampoco querrá perder mucho tiempo. Terminar a tiempo es especialmente crucial cuando se trata de clientes o posibles clientes. Usted haa hecho una promesa cuando les dijo explicó la línea de tiempo de su reunión (la agenda) y no querrá romper esa promesa. Si se pasa de la hora originalmente asignada, los participantes que se han reorganizado los horarios para asistir a la webinar pueden sentirse especialmente molestos y es muy posible que no vuelvan más a sus próximas reuniones, del mismo modo, cualquier participante, ya sea cliente, empleado o amigo, podrían desanimarse si la reunión va muy rápida y no tienen tiempo para asimilar los conceptos. Corre el riesgo de que los participantes pierdan su atención y entusiasmo, ahora y en futuras reuniones.

Una reunión bien gestionada es la que se realiza en el tiempo definido, así permite al participante saber que usted siente que su tiempo es valioso y que no quiere desperdiciarlo. Y van a apreciar esto, pero incluso la webinar mejor programada se puede descarrilar.

Hay varios puntos calientes de posible descarrilamiento a tener en cuenta.

La primera y quizás la más delicada es hacia el final de las ponencias de los oradores de la conferencia. Les pidió que hablaran en la reunión, pero no quiere excederse del tiempo. Una buena manera de hacer frente a esta situación es en el departamento de preparación, durante la pre-conferencia, consulte con el orador y hable con el sobre la asignación de su tiempo. Algunos oradores le pedirán que les avisen uno o cinco minutos antes.

El otro gran peligro de descarrilamiento es durante la Q&A. Si usted o un orador están recibiendo las preguntas, necesitará estar preparado para el siguiente paso. La mayoría de los oradores, probablemente sean reacios a cortar a alguien, ya que no es su reunión, de cualquier manera, tienes que estar listo. Después de recibir una pregunta, espere un momento y después conteste:

- si el que pregunta se anda por las ramas, intervenga y resuma la cuestión para el orador.

- si el que pregunta sigue preguntando pregunta tras pregunta, puede saltar y decir "gracias por todas esas preguntas, pero tenemos a otros participantes esperando". Otra idea es decir que sólo tienen sólo para una pregunta.

Recuerde que si un interlocutor no se atañe a las sugerencias o a las directivas, siempre tienen la capacidad de silenciarlos. Si el orador se está descarrilando de las Q&A, de nuevo, espere un momento de calma:

- si el orador lleva demasiado tiempo con una pregunta, salte con un resumen rápido atado a una pregunta que sólo requiere una breve contestar. A continuación, vaya a la siguiente pregunta.

- incluso si sólo ha habido una o dos preguntas contestadas por respuestas largas, anunciar que sólo hay tiempo para uno más cuestión. Esto le ayudará a recordar al representante de la programación.

Después de la siguiente pregunta, si hay tiempo, anuncie que puedes aún se puede hacer una pregunta más. Añadir una pregunta más según sea necesario hasta que se agote el tiempo.

MANTENER A LOS PARTICIPANTES INVOLUCRADOS

Toda la idea de una webinar es conseguir su punto a través, pero si los prestan una vaga atención, por la razón que sea, su mensaje se pierde. Así que mantenerlos involucrados es crucial. Si nota que la gente tiene la cabeza en la nubes, puede pausar su ponencia para hacer una sesión de Q&A improvisada. Esto no sólo sacará a la gente de su ensoñación, sino que también volverán a centrarse en el tema de la webinar ya que de otra manera acabarían perdidos en la webinar.

Si nota siente que normalmente los niveles de atención en sus reuniones tienden a bajar después del comienzo, tal vez debería incluir una presentación de PowerPoint en cada reunión. Usted puede planear las diapositivas para que se ejecuten acorde con lo que está pasando cada diez minutos, por lo que si la gente se distrae viéndole a usted siempre, como una única imagen, de esta manera, tienen una nueva imagen para concentrarse en adelante, logrando así que presten más atención a la webinar.

Otra de las claves para mantener el nivel de atención es descansos. incluso con tiempo limitado, las pausas son importantes. La gente se cansa o distraído, o que necesitan para usar el baño. que te hace ver que gran parte mejor cuando usted demuestra que usted pensó en su comodidad a la tiempo.

Controle los tiempos de los descansos después de que un orador haya terminado antes el Q&A. Esto le da a sus participantes un tiempo para pensar en lo que aprendieron y lo absorberán mejor, incluso un pequeño descanso de dos minutos es suficiente para mantenerlos ocupados y a la vez, en alerta. Para las webinars más largos, un descanso de diez minutos por cada hora y media será bien recibido.

La gente puede ir al baño, estirar las piernas, revisar sus anotaciones, o lo que sea. Cuando regresan, estarán frescos y listos para más.

LOS CHATS, ENCUESTASY LAS QUESTIONS&ANSWERS

Algunas de las características de un seminario web son las que se pueden obtener en una reunión cara a cara. La realización de las encuestas en vivo es una de ellas. Las encuestas en un seminario aparecen en una barra lateral y sus participantes pueden hacer clic encima para responder, a la vez que mantienen el ritmo de la reunión. También puede utilizar una encuesta para decidir qué temas deben de ser los siguientes, cuáles quieren repasar de nuevo, y cuáles van a omitir. La mensajería instantánea de chat se ha convertido en una parte importante, no sólo de nuestra sociedad, sino que para nuestro negocio online también. Lanzar una pregunta rápida a un compañero de trabajo por teléfono es una gran y discreta manera de obtener información rápida, pero por desgracia, no todo el mundo tiene chat, y mucho menos el mismo tipo de chat. Esto no es problema con las webinars ya que tienen un chat implantado. Puede utilizar el chat, alentando la gente a escribir una pregunta cuando quieran. Esto permite que el orador responda a las preguntas que consideren apropiadas, o amplían la conferencia sin perder el paso.

La cola Q&A es una característica principal del modo de conferencia. Si está realizando una audio conferencia, sólo tiene que pulsar * 1 para que sus participantes apagados puedan hacerle saber su deseo de intervenir. El uso principal de la cola es durante las sesiones de preguntas y respuestas, pero también se puede utilizar durante toda la reunión para ayudar en la entrada de las personas. Por ejemplo, si durante una cierta parte de la reunión a la que ve a alguien ponerse en la cola, puede hacer una breve pausa para escuchar lo que tiene que decir. Puede fomentar la participación de los asistentes escuchando sus comentarios y teniendo preguntas rápidas utilizando la cola.

TRANSMITIR TU MENSAJE

Como se dijo antes, el punto central de una reunión es conseguir que su mensaje llegue a sus participantes. Toda su planificación y preparación es para asegurarse de su seminario no tenga problemas para que las personas pueden entender lo que usted les está presentando. Tiene que gestionar el tiempo para mantener la atención, tiene que permanecer al frente de la reunión para conseguir compartir el mayor tiempo posible con sus participantes.

1. Durante las audio conferencias

Mantener la conversación es especialmente importante en las audio conferencias. Recuerde, usted y sus participantes son sólo voces y si se sale demasiado de la tangente, los participantes se perderán, no desviarse es esencial, junto con ayudar a sus participantes a mantenerse al día con las actualizaciones periódicas del programa. Si tiene varios altavoces, o no está en el modo de conferencia, debe asegurarse de anunciar a la gente que deben guardar silencio cuando no están hablando. Esto ayuda a eliminar el ruido de fondo y elimina el ruido ocasional, accidental o inesperado que tienden a suceder.

Al hacer una pregunta a una persona específica durante una audio conferencia, es esencial que usted diga su nombre y le dé un segundo o dos antes y después de la pregunta. Los dos o tres segundos de pausa es para darles una oportunidad de quitar el MUTE des sus dispositivos para que puedan responder.

2. En las conferencias web

Las Conferencias web añaden muchas más opciones a las conferencias. Permiten un canal visual para mostrar más información a sus participantes. Cuando logra utilizar el mayor número de las funciones disponibles como lesea posible, se dará cuenta de que las conferencias web le ayudarán a conseguir mostrar su información a través de su punto de vista de una manera bastante ágil.

Con el uso compartido de escritorio, usted no tiene que describir un sitio web, usted puede mostrarlo desde su propio equipo. Tener imágenes y gráficos a mano para ilustrar fácilmente su punto de vista, use gráficos para mostrar a sus participantes, donde están actualmente y hacia dónde van.

PowerPoint es una herramienta excelente para las webinars. Mantiene la atención de la gente, transmite gran cantidad de información, y da movimiento dinámico a una reunión que de otra manera sería estática. Con gráficos, tiene una diapositiva que muestra la posición que ha pasado, la posición dónde se encuentran ahora y la siguiente diapositiva. Esto le da la sensación de movimiento. Si no tiene mucha información para aumentar la conferencia de un orador, poner una foto de estos y una breve biografía en una diapositiva para mostrarla mientras hablan ayuda a mantener la atención de los participantes, así como también ayuda a formar un vínculo entre los participantes y el orador.

3. Utilizando la videoconferencia

Con el vídeo, es mucho más fácil ver si la gente está ocupada, confundida, distraída, interesada, o si todavía está allí. Si ve a más de unas pocas personas mirando hacia otro lado, puede ser el momento para realizar una escapada rápida o un Q&A (Preguntas y Respuestas). También hay otros beneficios por los que usted debería conectarse personalmente a través de la webcam:

Mantener el contacto visual crea un vínculo muy importante con sus participantes.

Evite sonreír a excepción de cuando alguien dice o hace algo bueno. Al sonreír sólo como una recompensa, la naturaleza humana trabajará para intentar ganar más sonrisas.

Mientras habla, utilice el hecho de que puedan verte. Gesticule en los puntos importantes, o muestre un informe sobre el tema del que está hablando. Asegúrese de moverse un poco más lento de lo habitual para evitar desenfocar o pixelar las pantallas.

FINALIZAR EL SEMINARIO

Después de que sus hablantes hayan hablado y que todo el mundo haya podido realizar todas sus preguntas - y especialmente si se ha acabado el tiempo - es el momento de cerrar la conferencia. El final puede ser algo más que un "adiós". Puede usar el tiempo restante para dar una buena conclusión ya esto aportará un mejor final a la reunión.

En los últimos minutos de la sesión, se puede resumir lo que fue hablado y atarlo con el objetivo principal de la reunión. Esto ayuda a consolidar los puntos realizados por usted y sus oradores.

Asegúrese de tener tiempo suficiente para ir concluyendo los temas. Calcule que unos cinco minutos es un buen tiempo para concluir una reunión y que se puedan despedir los oradores. Dos o tres minutos antes de esos últimos cinco minutos, comience a llevar la reunión de nuevo bajo su control personal.

LOS AGRADECIMIENTOS

Normalmente, las gracias saldrán al principio de la reunión y al final de la reunión con un "Gracias de nuevo". No sólo es este redundante, sino que asume que a sus participantes no les importa el tiempo que se gasta de esta manera. Las Gracias a los oradores será al comienzo de la reunión y todos los demás al final. De esta manera, si los participantes lo desean, pueden quedarse a escuchar quién hizo cada parte de la reunión, o pueden irse. Para la web y para las video conferencias, una buena idea es crear una Presentación de PowerPoint llena de diapositivas de las personas a las que quiere dar las gracias y sus nombres. Realice un bucle con la galería cinco minutos antes de la reunión. De esta manera, los participantes tienen algo que mirar mientras esperan y su gente se lo agradecerá. Se puede ejecutar de nuevo al final también.

Al agradecer a la gente, se debe hablar de los oradores, presentadores, y cualquier persona que ayudó a organizar la reunión. Mientras usted está en el final y agradeciendo a las personas, dando las gracias a sus participantes de nuevo. Esto hará que no sólo se sientan bien, sino que también ayuda a fomentar que vuelvan a la próxima reunión.

EL FINAL U OTRO NUEVO COMIENZO

Se dice que al salir de un lugar, simplemente se está entrando otro. Al concluir así su reunión se asegura el punto de partida de otra reunión. Con los colegas y empleados, su énfasis en marcar objetivos y en hacer cosas más importantes más adelante reforzará esta futura reunión y puede traer muchos de los participantes de la actual reunión a la futura reunión.

Con clientes y clientes potenciales, puede utilizar la conclusión para conseguir darle una chispa para que quieran participar en la siguiente reunión. Dígales que tienen que hacer ahora y cuales deberán ser sus siguientes pasos. Termine con una buena nota y aliente a los participantes a que habrá más reuniones en el futuro.

BENEFICIOS DE LAS WEBINAR

Las Webinars son más que simples reuniones: son herramientas para conectarse con sus empleados, y con sus clientes. Estas le permiten estar en lugares que habría sido casi imposible estar en otros casos. Las Webinars ofrecer más opciones para llegar a la gente, y abren vastas posibilidades más allá de una simple conversación.

AHORRAR TIEMPO Y DINERO

Cuando decide hacer un seminario web en lugar de encontrarse en persona, son capaces de ahorrar un montón de tiempo y dinero. Obviamente hay algunas razones de peso que le obligan a estar en algún lugar; si tiene que firmar algo en persona, estrechar la mano de alguien, o participar en un partido de fútbol. Si tiene una reunión fuera de la ciudad, debe cuestionarse si sus objetivos se podrían lograr a través de una webinar.

Piense en el coste promedio de un billete de avión a su destino, más otros factores adicionales que surgen derivados del viaje como los taxishacia y desde el aeropuerto. Añada el hotel y las comidas, y tampoco se olvide de medir el trabajo perdido mientras se viaja.

Ahora compare eso con el coste promedio de un seminario y verá que el ahorro es bastante drástico. Además, piense en todo el tiempo que ha perdido en preparar el viaje, en ir al alojamiento, etc… y compárelo con la preparación de una webinar. Usted puede preparar la webinar 10 o 15 minutos antes del comienzo, y una vez finalizada puede volver al trabajo normalmente. Si fueran reuniones en la misma ciudad, estas ya son una gran parte del su presupuesto habitual, pero cuando tenemos que realizar muchos viajes a otras ciudades, los seminarios web pueden ser un protector económico en el balance final de su empresa.

El enorme ahorro de costes y tiempo no tienen porque ser las únicas razones para utilizar un seminario web en lugar de una reunión cara a cara. Las reuniones locales también se pueden mejorar, incluso si la reunión está en un edificio que esté a sólo quince minutos, debe evaluar todo lo que implique llevar su coche, conducir, aparcar y caminar hasta la reunión. Lo que por lo general le suele llevar al menos media hora de tiempo perdido... y no se olvidé que todavía tiene que volver. Multiplique esto por todos los participantes implicados y todo el tiempo de trabajo que van a perder el día de la reunión. Otro factor es la gasolina que consumirán todos los participantes a la reunión y el alto coste que tendría. Basta con pensar en toda la contaminación que se puede evitar mediante la sustitución de una reunión local con una webinar - es el tipo más verde de reunión de las existentes.

MEJORA LA GESTIÓN

En las grandes empresas o incluso las pequeños empresas con varias marcas, es fácil perder la pista de las personas. Las reuniones son una buena manera de mantenerse en contacto con su gente, estar al día con lo que están haciendo, y ayudarle a lograr los objetivos. El problema con las reuniones tradicionales es que usted tiene que dejar de trabajar. También hay una tendencia a utilizar todo el tiempo presupuestado, sobre todo si se trata de un encuentro raro. Con las webinars, los empleados no tienen que salir de su zona de trabajo, solamente tienen que unirse a la webinar y volver de inmediato a trabajar después, ya que no tienen por qué ser solamente reuniones de negocios. Usted puede utilizar webinars como una parte integral de su proceso de trabajo. Si hay más de dos empleados que están separados por cualquier tipo de distancia, hay una gran tentación de reemplazar la verdadera comunicación con los correos electrónicos y la mensajería instantánea.

Aunque esto funciona en un nivel básico, el potencial para que suceda falta de comunicación u omisiones son altos. Para evitar esto, se puede configurar una webinar especial online para ciertos grupos de empleados. Cuando se realiza un cambio de proyecto, debería conseguir a una persona de cada departamento afectado para una webinar, lo pueden hacer en la misma página mucho más rápido e incluso puede llegar a una mejor idea, detectar un defecto, o resolver un problema. Tienen todo su escritorio al alcance de sus manos, y todo ello sin la molestia de ir a una reunión.

AUMENTO DE VENTAS

Las Webinars tienen un gran potencial para aumentar las ventas de una empresa. Estas se pueden utilizar en cada paso del proceso, así como también puede ayudar a crecer una relación con sus clientes. Las Webinars ayudan a la empresa a destacarse y facilita la comunicación con sus clientes de una manera nueva y fresca, lo que mejora la experiencia del usuario, pero también puede llevar la empresa al cliente en lugar de hacer que el cliente venga a nosotros. Una webinar es una gran manera de distribuir información, pero también puede crear y mejorar las relaciones dentro de la empresa o con sus proveedores.

LA WEBINAR COMO HERRAMIENTA DE MARKETING

Seguramente esté acostumbrado a gastar cierta cantidad de su presupuesto en marketing y publicidad tratando de conseguir que su empresa sea conocida, para mejorar la imagen de su marca. Usted también deberá gastar más dinero de su presupuesto para anunciar una webinar, pero ¿por qué no dejar que simplemente se difunda con el boca a boca? Añada una invitación a una webinar semanal en sus facturas, o publique un anuncio sobre una gran webinar en los periódicos. Pero no sólo haga una reunión a las que las personas puedan asistir, sino que intente convertirla en una experiencia que no querrán perderse. Intente tener un invitado famoso, u ofrecer una sesión llena de consejos sobre algo que les importa. Podría incluso ser el anfitrión de una webinar sobre algo que no tiene nada que ver con su empresa, pero aún así, incluirse a sí mismo al principio y al final de la webinar.

CAPTACIÓN DE CLIENTES POTENCIALES

Una vez que consiga a las personas interesadas en asistir a su seminario, puede convertir ese interés en clientes potenciales. Configure una página de registro que pueda facilitar un código para la conferencia añadiendo algún tipo de información de contacto y la información para realizar las ventas.

Tenga algunos operadores para contestar sus llamadas y contestar a algunas preguntas que les llegan sobre la conferencia. Con ello, no sólo sabrá quién está interesados en lo que tiene que decir, también recopilará un poco de información acerca de los clientes potenciales. No importa cómo llegar a los clientes potenciales en su webinar inicial, ahora tiene la información que necesita para invitarlos a más webinars específicas de su empresa.

CONVERSIÓN DE CLIENTES POTENCIALES EN VENTAS

Si ya ha anunciado una webinar sobre su empresa o sus productos, ¿adivinen qué? Todas las personas que llamen son un cliente potencial. Sin embargo, si tienes la información de otras fuentes - incluso de webinars anteriores - aún puede utilizar esos clientes potenciales para sus ventas.

Una webinar es una forma de hablar con una gran cantidad de personas de una manera que también nos permite una conexión personal. Un participante puede realizar una pregunta a otro participante de manera directa. Con todo el mundo en MUTE (en silencio), casi parece como si fuera una conversación privada entre usted y los participantes. En una conferencia Web, normalmente el participante se sienta delante de su equipo para escuchar su voz mientras ve una presentación de PowerPoint. Las Video conferencias le permiten hablar con ellos cara a cara, situando su cámara a la derecha/izquierda inferior de su monitor.

Un cliente potencial en su seminario web es como una persona que navega por su tienda, pero mejor. Usted sabe que tiene algún interés en lo que usted tiene para vender, están lo suficientemente motivados para ir hasta usted, y ahora lo que tiene que hacer es que a este cliente potencial le sea fácil tomar ese primer paso. Ahora todo lo que tenemos que hacer es mirar directamente a la cámara web y mostrarles su propuesta.

CONOCE A TU PÚBLICO

No siempre podemos estar ahí para contestar a todas las preguntas de nuestros clientes, pero podemos hacer que el trato sea más fácil y de calidad. Una vez que tenga sus clientes, es importante que se sigan sintiendo que hicieron la elección correcta. Puede organizar seminarios web regularmente con sus actuales clientes para demostrar que usted todavía está allí para ellos. También puede presentarles algunos oradores invitados que tienen conocimiento en el industria. Puede alinear sus preguntas y darles respuestas en el acto. Se puede conectar con ellos de una manera que es a la vez agradable y fácil para todos los involucrados.

Mantener la relación no es la única razón para hacer webinars de manera regular. También puede mantener a sus clientes al día de los cambios en sus productos. Si ha ampliado los productos de alguna de sus líneas de negocio, puede informarles sobre esos nuevos productos y, tal vez, logre algunas cuantas ventas más. Usted puede vender algo a alguien una vez, pero se necesita tener una relación para vender a una persona muchas veces.

CAPTURAR CLIENTES MEDIANTE REFERIDOS

El boca a boca es algo muy poderoso, puede crear o derrumbar una película, un restaurante, o una empresa. Si tiene una buena relación con un cliente satisfecho, entonces no tendrá problemas de que le recomiende a sus amigos y conocidos. La próxima vez que haga una webinar para sus clientes, incluya un pase de invitado para que estos se las puedan dar a alguien o configure su página de registro para incluir un lugar para que sus clientes puedan recomendarle a alguien mediante la introducción de un correo electrónico.

Otra idea es que la próxima vez que esté en un seminario online con un cliente, le ofrezca traer a alguien que sabe que le puede interesar. Si sus clientes están entusiasmados con sus productos y su forma de hacer negocios, no va a tener ningún problema ya que solamente con un poco de estímulo conseguirá que sus clientes compartan ese entusiasmo con otros clientes potenciales.

LA WEBINAR PARA LOS NEGOCIOS

La esencia misma de las webinars está haciendo más fácil la comunicación. Este le permite hacer más cosas de maneras diferentes a pesar de las largas distancias. Ya se trate de una reunión con un cliente y expertos en todo el mundo, o simplemente de tener una charla rápida con los directores en cinco estados o provincias, las webinars están cambiando la forma de hacer negocios para mejor.

Use la función de grabación simple. Esta función le proporciona una forma de guardar y revisar todas sus reuniones anteriores. Esto puede ser muy útil por muchas razones, incluyendo la legal, la cohesión, o incluso la nostalgia. Las grabaciones también se pueden utilizar echar una mano a los clientes o empleados que tienen otros horarios: si no han podido asistir a una webinar en concreto, pueden acceder a ella más adelante y ver y escuchar la grabación cuando les sea más conveniente.

Usted puede ir aún más lejos con las grabaciones. ¿Por qué no hacer una webinar planeada desde el principio para ser vendidas o regaladas a los clientes más valiosos? Podría vender las grabaciones online, u ofrecer en un CD una copia de su presentación de PowerPoint, la agenda, y los folletos electrónicos con la webinar. Cada negocio es único y usted podría encontrar un mercado para el uso exclusivo de las webinars. El truco consiste en mirar más allá del uso obvio de una webinar y ver cuántas formas tiene para poder mejorar su comunicación, sus ventas, y sus prácticas de negocio.

RESUMEN FINAL

PLANIFICACIÓN

TIPO DE WEBINAR	CARACTERÍSTICAS	ORDEN DEL DÍA
▪ AUDIO CONFERENCIA	▪ OPERADOR PARA ATENDER LAS LLAMADAS	▪ COMPLETAR
▪ CONFERENCIA WEB	▪ OPERADOR DE LLAMADAS	▪ LÍNEA DE TIEMPO REALISTA
▪ VIDEO CONFERENCIA	▪ ORADOR INVITADO	▪ TIEMPO AÑADIDO
	▪ PÁGINA DE REGISTRO	▪ TIEMPO DE Q&A
	▪ MODO DE CONFERENCIA	▪ CONCLUSIONES O CIERRE
	▪ GRABACIÓN	▪ VERSIÓN DE LOS PARTICIPANTES

ORGANIZACIÓN
1. PUBLICAR Y/O ENVIAR LA AGENDA
2. TENER LAS NOTAS BUENAS A MANO
3. TENER INFORMACIÓN DE CONTACTO ÚTIL
4. ESTAR EN UNA SITIO TRANQUILO, SIN RUIDOS
5. TENER EL BOTÓN MUTE SIEMPRE LOCALIZADO

AUDIO CONFERENCIA	CONFERENCIA WEB	VIDEO CONFERENCIA
■ USAR TELÉFONOS FIJOS	■ INSTALAR EL SOFTWARE DE LA WEBINAR	■ INSTALAR/EJECUTAR ELVÍDEO
■ USAR AURICULARES DE TRABAJO	■ EJECUTAR EL PROGRAMA PARA COMPARTIR LA WEB	■ SOFTWARE ■ TENER EL SOFTWARE DE LA WEBCAM INSTALADO
■ TENER LA BATERÍA WIRELESS	■ CARGA/PRUEBA DEL POWERPOINT	■ TENER UN BUEN PROGRAMA DE VIDEO
■ CARGADA	■ USAR LOS CONTROLES PARA COMPARTIR LA	■ UTILIZAR LOS CONTROLES DE VÍDEO
■ ACTIVAR LA PANTALL		■ FONDO NEUTRAL ■ DEBERÁ ESTAR EN

A DE LLAMADA EN VIVO/DIRECTO

- **CONOCER LOS CONTROLES DE LAS LLAMADAS EN VIVO**

- **TENER EL PROGRAMA LISTO**
  - WEB

UN SITIO ASEADO Y LIMPIO

- **VISTA CON ROPA BUENA Y COLORIDA**

EJECUCIÓN

1. **PRE-CONFERENCIA**

   - **AGENDA O DISCUSIÓN**

   - **CALENDARIO**

2. **SALUDOS INICIALES**

3. **INTRODUCCIÓN**

4. **AGRADECIMIENTOS A LOS PARTICIPANTES**

5. **VISIÓN GENERAL DE LA AGENDA**

6. **ROMPER EL HIELO**

7. **INTRODUCCIÓN DEL ORADOR**

8. **FINALIZACIÓN DEL ORADOR**

9. **TIEMPO PARA Q&A (PREGUNTAS Y RESPUESTAS)**

10. **OBSERVACIONES Y/O CIERRE**

11. **AGRADECIMIENTOS A LOS PARTICIPANTES**

12. **RECONOCIMIENTOS**

AUDIO CONFERENCIA	CONFERENCIA WEB	VIDEO CONFERENCIA
▪ **CALIDAD DE SONIDO BUENA**	▪ **BUENA CALIDAD DE SONIDO**	▪ **CALIDAD DE SONIDO BUENA**
▪ **NINGÚN TIPO DE RUIDO**	▪ **NINGÚN TIPO DE RUIDO**	▪ **NINGÚN TIPO DE RUIDO**
▪ **MUTE CUANDO NO SE INTERVIENE**	▪ **MUTE** CUANDO NO SE INTERVIENE	▪ **MUTE** CUANDO NO SE INTERVIENE
	▪ **DIAPOSITIVAS POWERPOINT** CORRECTAMENTE MOSTRADAS AJUSTADAS AL MOMENTO	▪ **QUE TODAS LAS PERSONAS TENGAN UNA BUENA POSICIÓN EN LA PANTALLA**
	▪ **USO DE LA**	▪ **CUIDAR EL**

**VENTANA DE
CHAT**

**CONTACTO
VISUAL CON LA
CÁMARA WEB**

- **CONTROLAR
LOS
MOVIMIENTOS
DELIBERADOS**

ACERCA DEL AUTOR

Este libro ha sido escrito por:

MANUEL SANDOVAL RAMOS

Planificar, Elaborar y Realizar una Webinar